2024년 여름을 ....

24명의 학생들과 ....

concept artist.	신채연	김경란
	황유정	윤성은
	박혜빈	이유주
	남주희	최서인
	김미성	오혜림
	박정희	박소현
	김하강	황유경
	현가은	김도영
	김은진	김주하
	구서영	김민주
	임다영	
advisor artist.	오성용	최주현
	이주원	
producer.	박영준	

아틀란티스에 도착한 소녀

어느 날, 세상이 물로 잠기기 시작했다.
한 소녀는 살아남기 위해 기계로 된 지느러미와 아가미를 만들었다.
그러나 멸망한 세계에도 여전히 계급은 존재했고, 하층민이었던 소녀는 바다의 가장 깊고 어두운 심해,
'딥 다크'라 불리는 곳으로 내려가야만 했다.
그곳의 물은 점점 오염되어 앞이 보이지 않을 지경이 되었고,
익숙하지 않은 지느러미로 무뎌질 때까지 위로 헤엄쳐 올라갔다.
지느러미가 짓눌리고 다리가 풀려 감각이 흐려질 즈음, 그녀 앞에 거대한 '아틀란티스'가 모습을 드러냈다.

윤성은

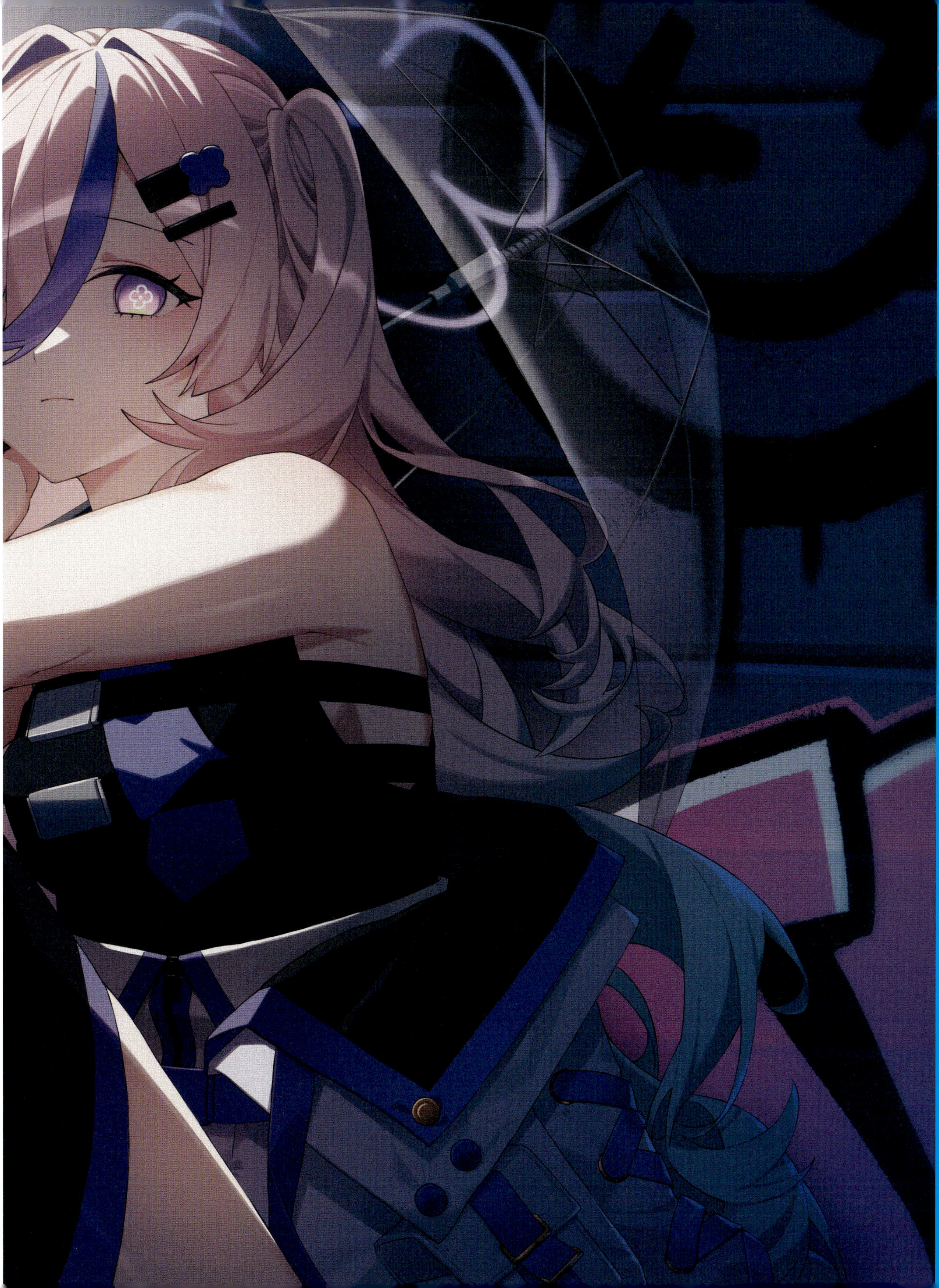

보름달물해파리

보름달물해파리를 기반으로 디자인한 캐릭터 레인 입니다.
떠돌이 생활을 하며 집나간 반려동물 찾기부터 추리가 필요한 사건 해결까지 다양한 의뢰를 받으며
조수인 기계 해파리와 함께 해결사 활동으로 생계를 이어나가는 해결사라는 설정을 가진 캐릭터입니다.

김민주

꽃게 - 지루한 일상 속 즐거움

떠돌이 생활을 하는 장난끼 많은 어린 꽃게는 삶의 낙이 딱 한가지 존재한다. 바로 다른사람을 괴롭히는 것. 정도가 너무 심해 수배지까지 붙었지만 그녀는 아랑곳 하지 않고 오늘도 장난을 친다.

김주하

손재주가 좋은 복어는 스스로 만든 로봇들과 생활한다.
어김없이 평화로운 하루를 보내던 도중.
수배지에 붙은 어린 범죄자가 자신의 로봇을 망가뜨리는 바람에 수리를 하게 되었다.
하지만 그녀의 손재주는 굉장히 뛰어나 금세 새것처럼 고쳐질것이다.

김주하

군대의 의무병으로 활동하고있는 쥐가오리는 성격이 유순하고 우유부단하여
다른이들이 약해보인다며 무시하기 일쑤이다.
하지만 그녀의 치유로봇은 치유뿐만아니라
다른사람을 치유가 필요한 상태로 만들어 버리는 능력도 가지고 있어 얕보다간 큰 코 다친다.

김주하

모불로

쥐가오리를 모티브로 삼은 캐릭터입니다.
쥐가오리의 넓은 날개같이 생긴 가슴 지느러미와 머리 지느러미에 솟아난 뿔과 꼬리 등을 참고해
쥐가오리의 큰 특징을 살리고자 하였습니다.
캐릭터 이름 또한 '모불라 야파니카' 라는 쥐가오리의 동종이명을 본따 만들었습니다.

박소현

상어

신채연

아름다운 빛을 내는 칼라테트라는 염색을 통해 만들어진 개량종으로 색이 영구히 가는 것이 아닌 3개월에서 6개월 정도의 시간이 지나면서 색이 서서히 옅어지는 특징을 가지고 있다. 가문의 압박으로 어릴때부터 독한 염색약을 사용해 염색해온 그는 이제는 가문에서 벗어나 자신의 색을 찾아 떠난다.

박혜빈

마치 겁을 먹은 듯한 표정으로 나를 바라보는 환도상어는 다른 상어들과 달리
이빨이 작아 작은 먹이를 물고 고정하는 역할밖에 하지못한다. 그렇다고 환도상어를
무시하거나 귀엽게 보지 않길 바란다. 몸의 절반을 차지하고 있는 그의 꼬리지느러미에
맞아 기절할수도 있을테니..

박혜빈

유령물고기
신채연

클리오네_해룡

신채연

어린사냥꾼

그는 바다의 어둠 속에서 금빛으로 반짝이는 어란을 찾아 떠도는 사냥꾼이다.
마귀상어에서 영감을 받은 긴 모양의 가면을 쓴 채 여유롭게 서 있는 그의 모습은,
마치 고대의 신을 연상케 한다. 강인한 청년의 체력과 상어 같은 지배자의 위엄이 느껴지며,
금장식이 둘러진 그의 허리춤에는 보석처럼 빛나는 물고기 알이 장식되어 있다.
그는 항상 훔친 어란을 그물에 담아 허리에 매고 다니며, 거대한 낚싯대와 어망을 휘두르며
어란을 약탈한다. 그의 발 아래에는 끝없이 쌓여가는 물고기 알들이 반짝이며,
그가 쌓아온 어마어마한 부를 증명한다.

오혜림

해양보안관

에메랄드빛 바다를 닮은 곱슬 단발 머리를 휘날리며 깊은 바다의 법과 질서를 지키는 여인, 해양보안관.
해파리와 바다의 신비로움을 품은 그녀의 모습은 물결처럼 부드럽고, 동시에 바다의 날카로움을 간직하고 있다.
정의로운 카우걸 스타일의 옷이 테슬 장식과 조화를 이루며, 그녀의 존재감을 더욱 빛낸다.
신비로운 해파리에서 영감을 받아, 그녀의 의상 곳곳에는 물속을 유영하는 해파리의 촉수처럼
길고 부드러운 테슬 장식이 흩뿌려져 있다. 모자에 가디건, 청바지까지 이어진 가닥진 디테일이 물결처럼
유려하게 흘러 심해의 감각을 전해준다. 깎이고 매끈하게 다듬어진 돌처럼 단단한 신발을 신고,
산호초의 화려함을 닮은 무기를 휘두르는 해양보안관.
그녀의 임무는 단순히 바다를 지키는 것이 아니라, 그 깊은 곳의 숨결을 전하는 것이다.

오혜림

베타

베타의 큰 특징인 지느러미를 캐릭터에 어떻게 적용할 수 있을까
생각하다보니 커다란 베일을 쓴 성녀 캐릭터가 만들어 졌습니다.
캐릭터의 머리카락을 풍성하게 표현해 베일만으로 부족한 부분을 메꿔주었고
추가로 웨딩 드레스가 연상되는 옷을 통해 순수한 이미지를 디자인 해보았습니다.

임다영

김경란

아틀란티스 구역을 청소하는 청소부!
회사에서 신입 때 배정받은 짝꿍청소기가 다소 작고 불량이라 교체하려했지만 정이 들어버려
조금 아날로그 형식으로 청소하는 청소부. 하지만 생각보다 아날로그 형식이 자신에게 더 잘 맞아
다양한 최첨단 청소기계들을 마다하고 처음 배정받은 청소기 친구와 함께 열심히 청소를 하러 다닌다.

세리아

가문의 장녀인 세리아는, 가문에서 대대로 내려오는 열쇠 모양의 목걸이의 신비한 힘과 함께 모험을 떠납니다.
의상에는 물뱀을 연상시키는 흰색과 검은색의 반복무늬 패턴을 적용하였습니다.
이때 색감이 범고래와 유사해 차별성을 두고자 물뱀을 세리아의 펫으로 추가하였습니다.

김도영

밴디드박싱쉬림프의 무늬가 마치 죄수의 구속복 같다는 생각이 들어
심해 깊숙한 지하감옥에 갇혀있는 죄수 캐릭터로 만들어보았습니다.
캐릭터의 머리스타일은 새우를, 캐릭터의 구속구는 성게를 보며 디자인 했습니다.

임다영

세발치는 심해에서 사는 물고기로 겉모습만 본다면 땅에서 걸어 다니는 모습이 소름 돋게 보일 수 있습니다.
하지만 세발치의 차림새적은 굉장히 하늘하늘하고 아름답습니다.
아름다워 보이지만 사실은 소름 돋고 위험한 매력이 있는 캐릭터로 봐주시면 좋겠습니다.

최서인

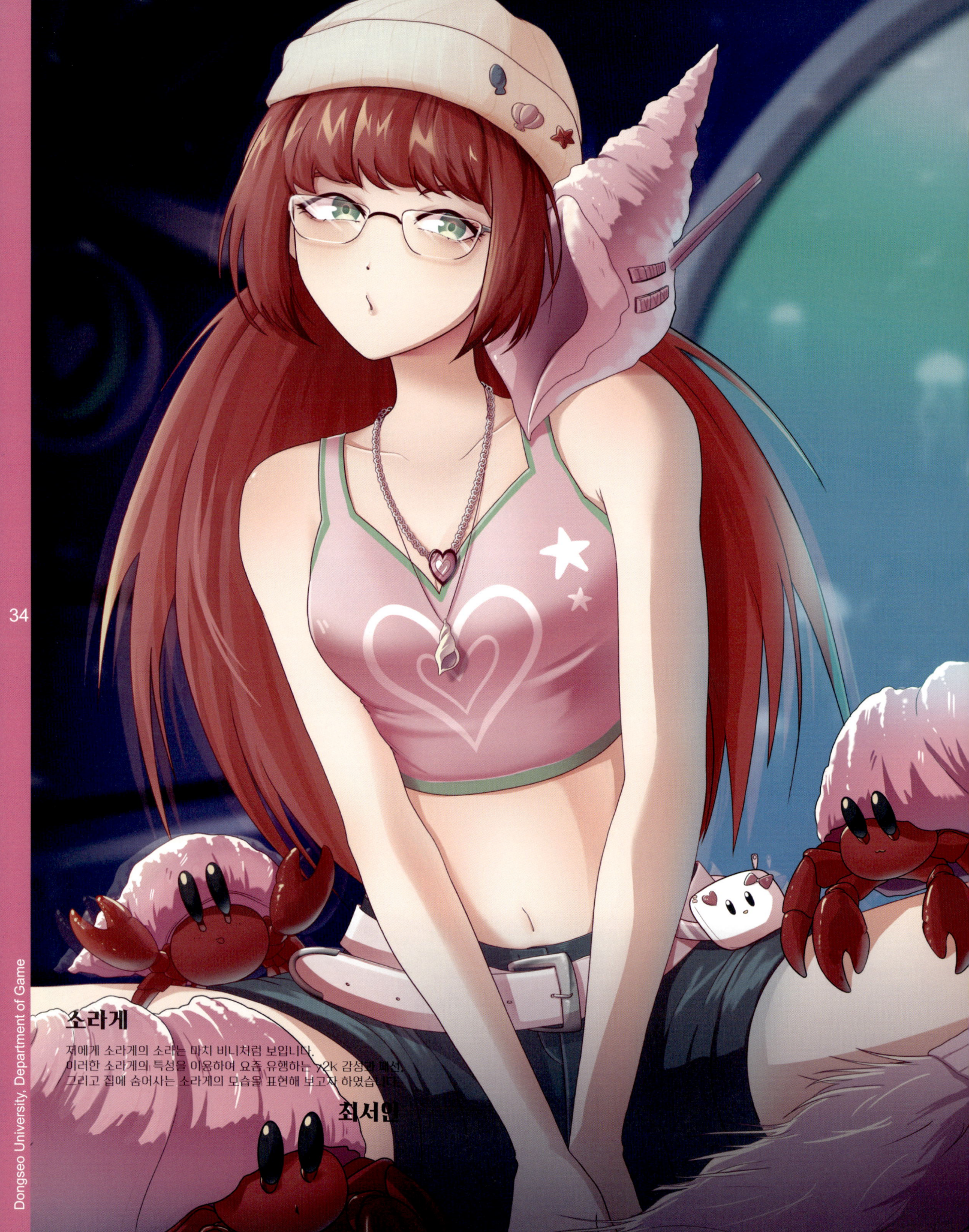

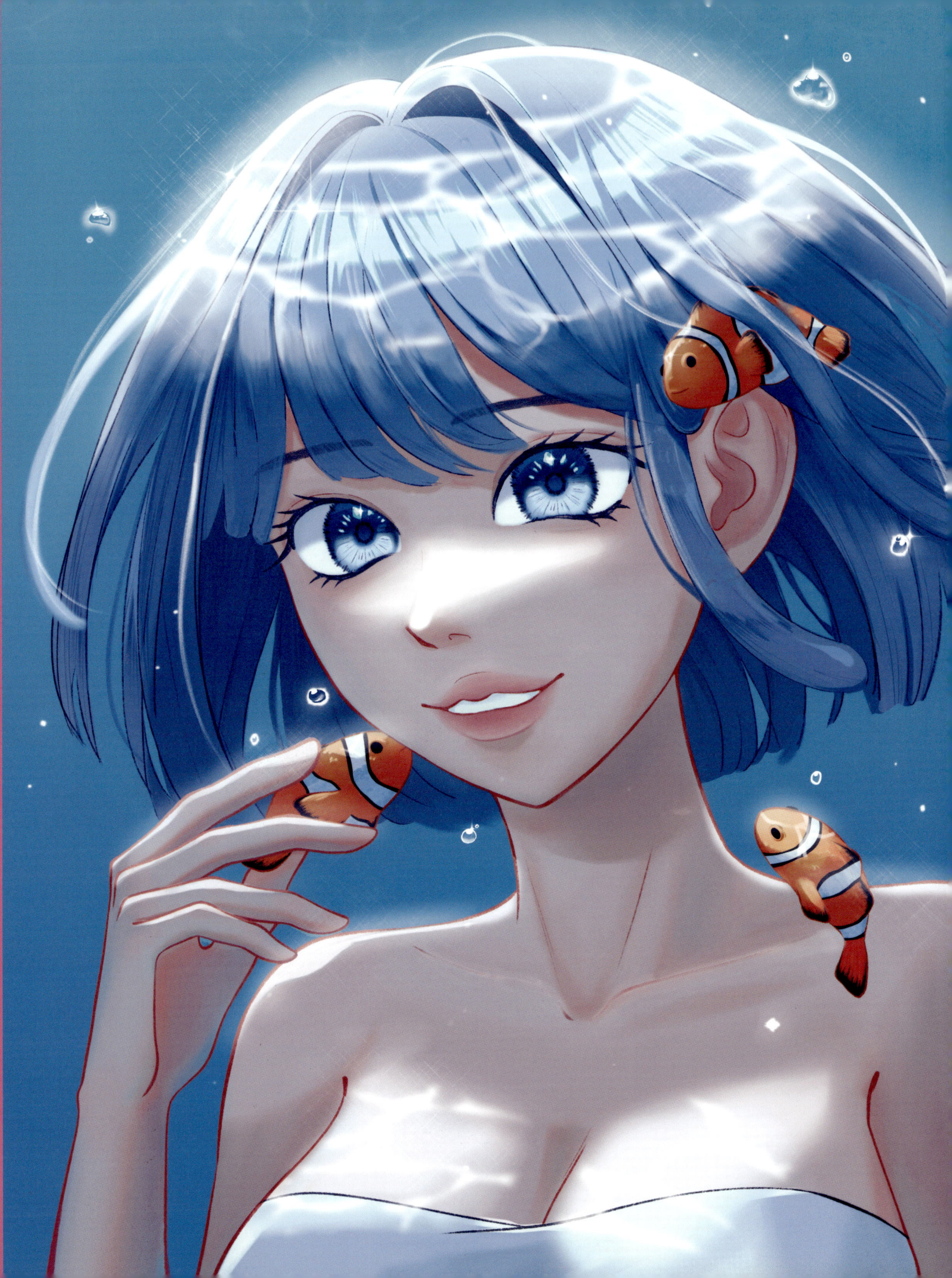

러프 1

러프 2

선화

밑색

명암

디테일 및 완성

공생관계

빛이 찬란하게 들어오는 푸른 바닷속, 흰동가리들과 그들의 수호자 말미잘 '레이나'가 살고 있다.
흰동가리들은 레이나의 부드러운 촉수 속에서 안전하게 지내며, 평화로운 나날을 보낸다.

남주희

Dongseo University, Department of Game

파란갯민숭달팽이와 같이 화려한 무늬가 있는 새우로
사이버 펑크 + 동양풍을 곁들여 디자인해보았습니다.
장군의 갑옷과 한국식 복장을 많이 참고하였으며 긴 창으로 문을 지킨다는 문지기의 설정을 가지고 있습니다.
곳곳에 새우 꼬리가 연상될만한 형태의 디자인을 넣었으며
최대한 닭새우의 화려한 겉무늬를 캐릭터에 담고자 노력하였습니다.

이유주

이 그림은 물 속에서도 노을이 지는 것처럼 주황빛의 빛이 내릴 수 있다는 것을 알고
창문을 통해 빛을 받는 여유로운 캐릭터를 생각하며 구상했습니다.
이 캐릭터는 뒷세계에서 밀매로 많은 돈을 버는 상인입니다.
언뜻 보면 그저 한가로이 담배나 피우고 다니는 한량처럼 보이지만,
사실은 넘치는 카리스마로 뒷세계 밑바닥을 꽉 잡은 능력있는 캐릭터 라는 설정입니다.
캐릭터의 디자인은 범고래를 모티브로 하여 디자인했습니다.
범고래라고 해서 무조건 흑백의 색깔만을 넣기보다는
좀 더 컬러풀하게 만들어 화려하지만 여유로운 느낌을 줄 수 있도록 노력했습니다.
또한 연기 대신에 물거품을 뿜는 물담배를 피우게 하여 장식적인 요소를 추가했습니다.
전체적인 분위기를 영화에서 나올 법한 동양계의 많은 권력을 지닌 뒷세계 사람으로 잡았습니다.
배경은 캐릭터가 서있는 부분은 어둡게,
창 밖을 밝게 하여 캐릭터가 뒷세계에 속해있다는 약간의 암시를 주었고
하지만 완전히 어둠에 묻히지 않고
약간의 빛을 받으며 서있는 것을 통해 캐릭터가 마냥 악하고 어둡기만 한 것이 아닌
적당한 여유와 웃음을 지니고 있다는 것을 보여주려 노력했습니다.
개인적으로 이 빛과 어둠의 대비가 그림의 핵심이라고 생각합니다.

황유경

Dongseo University, Department of Game

51

어두운 물 아래의 카메라

이 그림은 심해에서 오랫동안 잠들어 있다가 깨어난 키메라라는 설정을 갖고 구상하게 되었습니다.
키메라는 오래 전 심해의 마녀가 만들어낸 시종이었으나 버려졌고, 그 탓에 기능을 정지하여 잠들게 되었습니다.
이후 오랜 시간이 지나 깨어난 것입니다.
키메라 캐릭터는 심해의 마녀가 부리던 시종이라는 설정을 갖고 있어
담루한 차림이 아닌 적당히 고급스러워 보이는 정장을 입혔습니다.
다만 오랜 시간 입고 있었기 때문에 여기 저기가 헤지거나 조그만 구멍이 뚫리는 등의 흔적이 보이도록 했습니다.
또한 소심하고 겁이 많은 성격이기에 다른 사람과 마주하는 것을 어려워합니다.
이 이유로 다른 사람으로부터 자신을 가릴 수 있는 흰 천을 머리에 쓰고 다닌다는 설정을 넣었습니다.
주변에 떠다니는 세 물고기는 키메라가 부리는 아귀 세 자매입니다.
아직 어린 물고기지만 뾰족하고 커다란 이빨로 그를 외부로부터 보호해줍니다.
귀여운 장식을 좋아하여 늘 키메라에게 새로운 리본을 달아달라고 한다는 설정이 있습니다.

황유경

52

Dongseo University, Department of Game

사이버펑크와 바다 속 생물들을 합쳐 그리는 것이 어떨까라는 주제에서 빚어진 캐릭터 중 하나입니다.
사이버펑크에서 발전을 이룬 세상을 받아들이지 못한 채,
폐공장 내에 자신의 구역에서 군림하는 대문어로 컨셉을 잡아 그렸습니다.

구서영

54

Dongseo University, Department of Game

흡혈오징어

사이버펑크와 바다 속 생물들을 합쳐 그리는 것이 어떨까라는 주제에서 빚어진 작품 중 하나입니다.
구룡채성과 같은 분위기를 내기 위해 초록색 컬러를 크게 잡았으며
매드사이언티스트와같은 느낌을 드러내도록 그렸던 것 같습니다.

구서영

Dongseo University, Department of Game

56

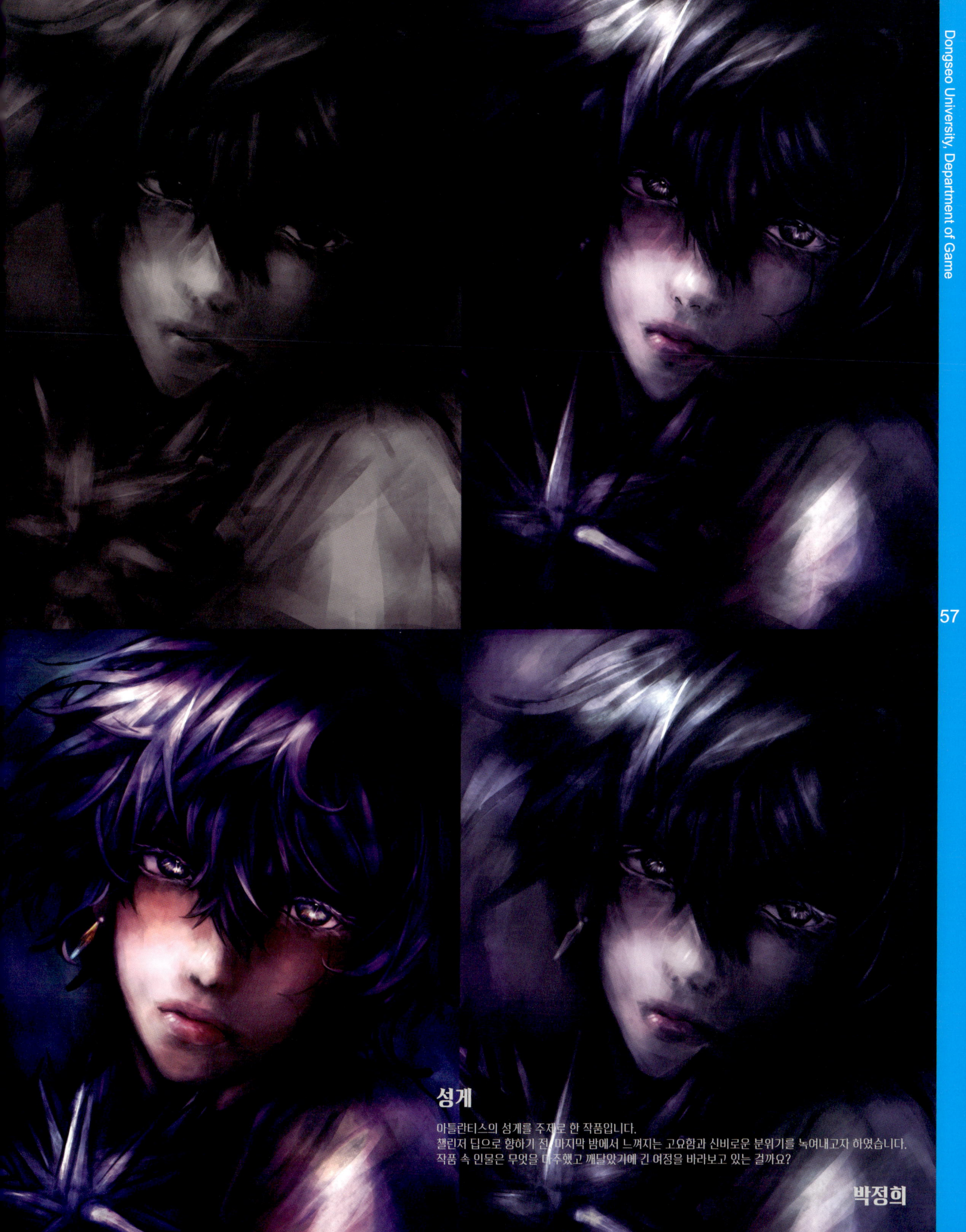

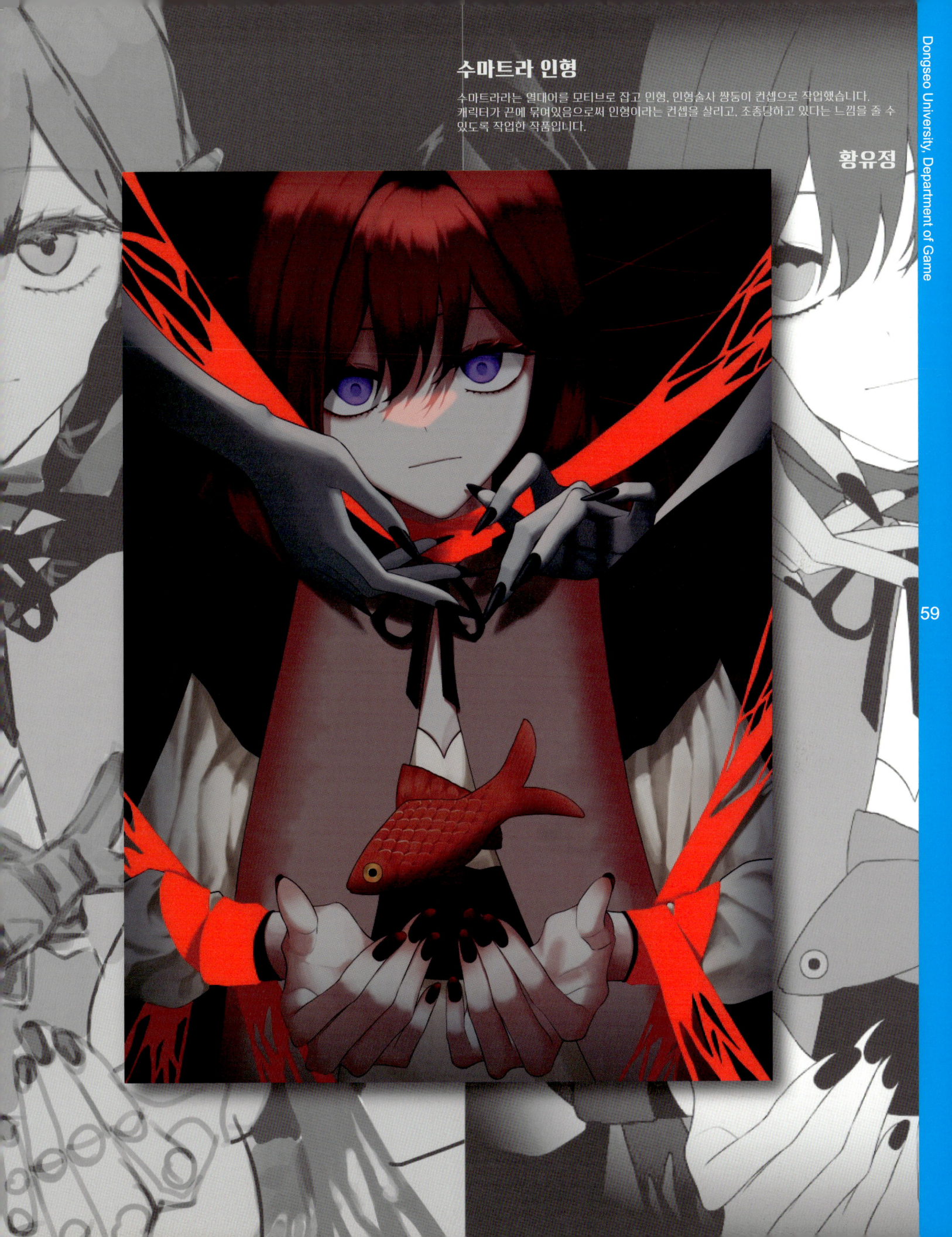

수마트라 인형

수마트라라는 열대어를 모티브로 잡고 인형, 인형술사 쌍둥이 컨셉으로 작업했습니다. 캐릭터가 끈에 묶여있음으로써 인형이라는 컨셉을 살리고, 조종당하고 있다는 느낌을 줄 수 있도록 작업한 작품입니다.

황유정

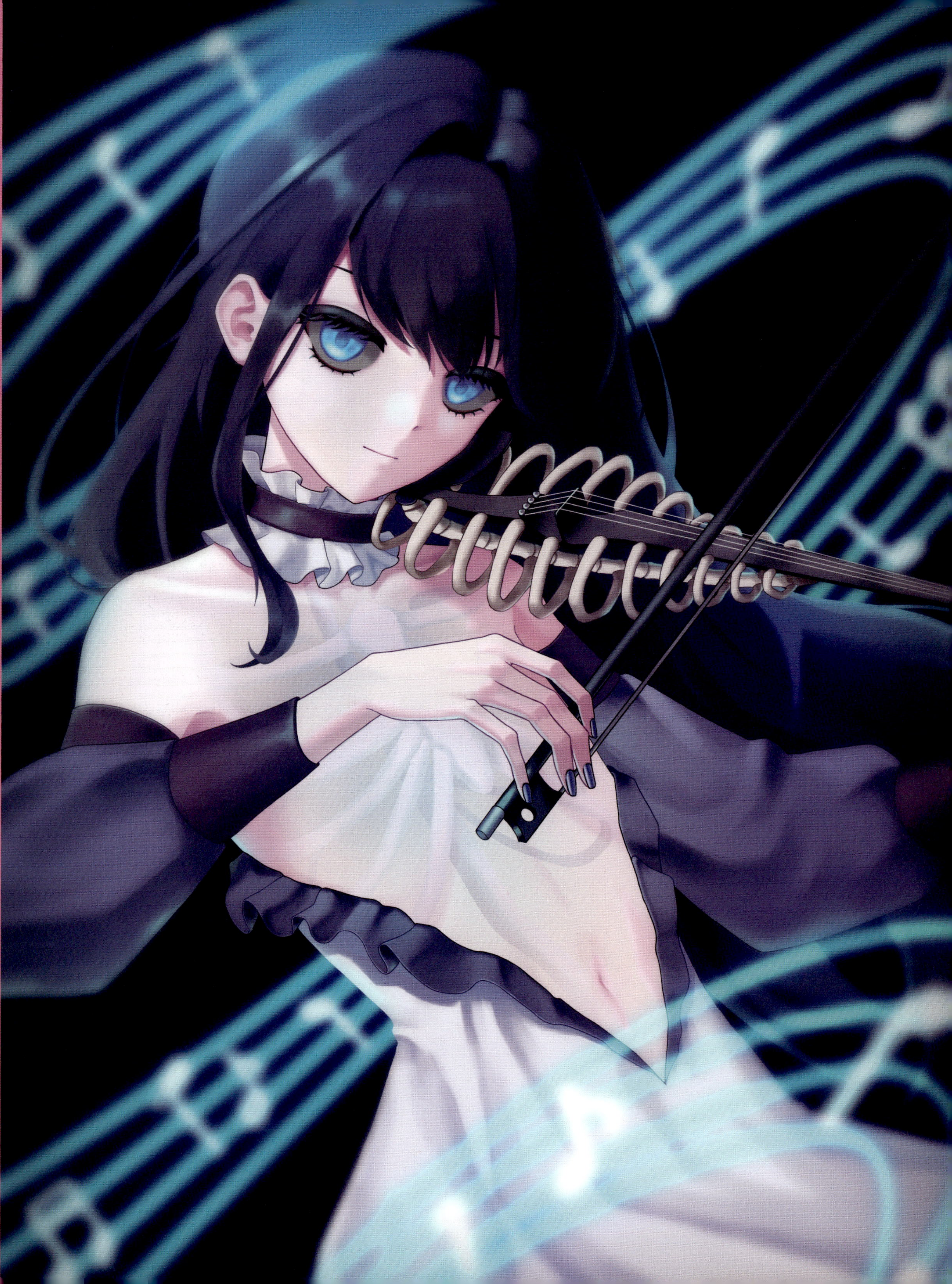

해골판다멍게

해골판다멍게라는 해양생물을 모티브로 바이올리니스트 컨셉을 잡았습니다.
해골판다멍게를 처음 봤을 때 사람의 갈비뼈가 떠올랐습니다. 일러스트에서도 그 부분이 보였
으면 좋겠다 싶어 뼈라는 요소를 포인트로 잡은 작품입니다.

황유정

수마트라 인형술사

수마트라라는 열대어를 모티브로 잡고 인형, 인형술사 쌍둥이 컨셉으로 작업했습니다. 인형 일러스트와 비슷한 느낌을 주기 위해 캐릭터 주변에 끈을 배치하였고, 조종하고 있음을 보여주기 위해서 캐릭터 손에서 끈이 시작되도록 한 작품입니다.

황유정

Challenger Deep

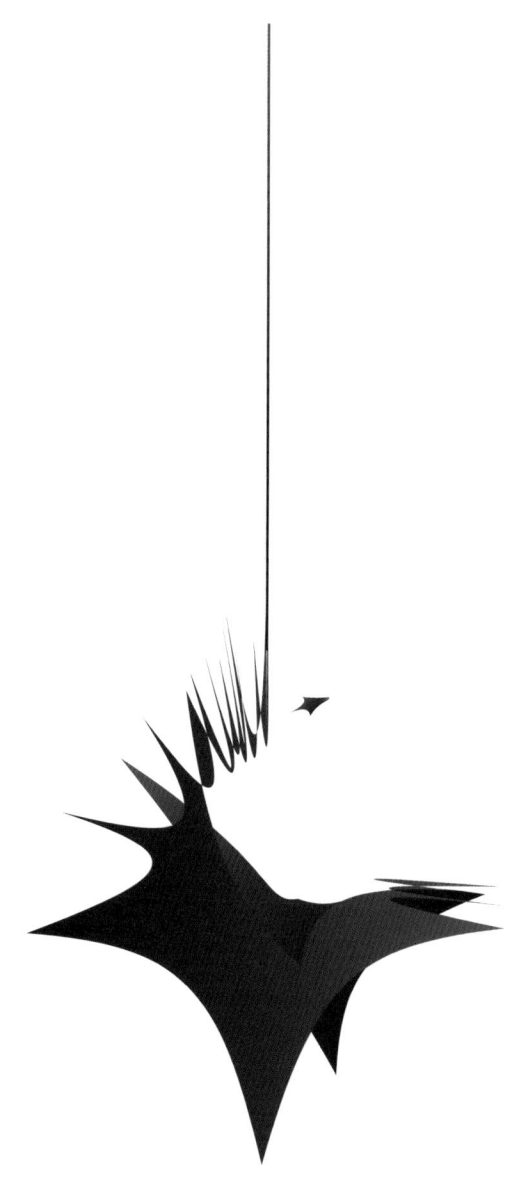

불가사리

아틀란티스 불가사리 기반의 인간형 크리처입니다.
다른 동족들을 모두 통제할 수 있는 유일한 개체이며,
이 생명체가 아틀란티스를 지켜줄지 위협이 될지는 그저 단순한 변덕에 불과하다고 합니다.

박정희

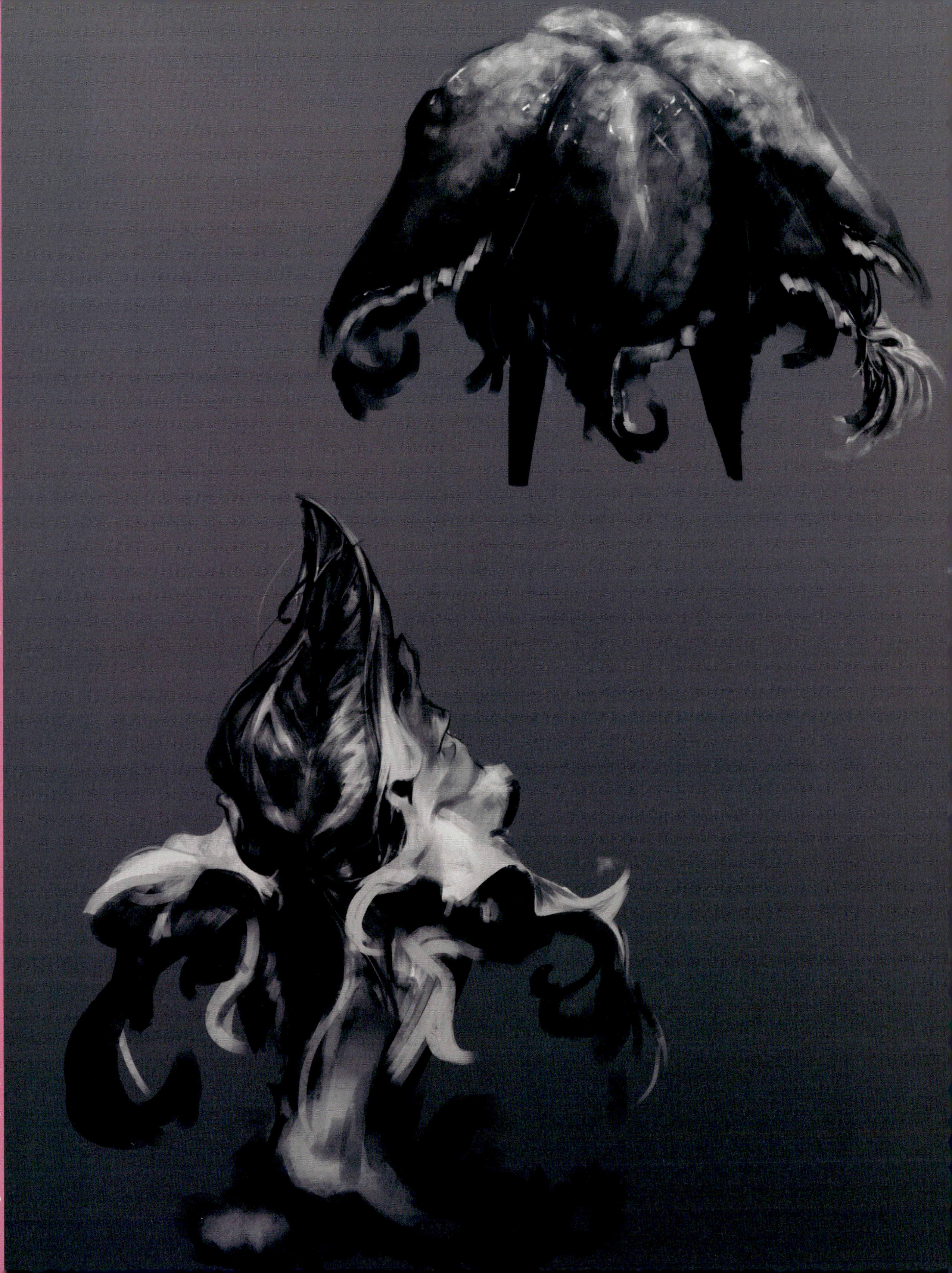

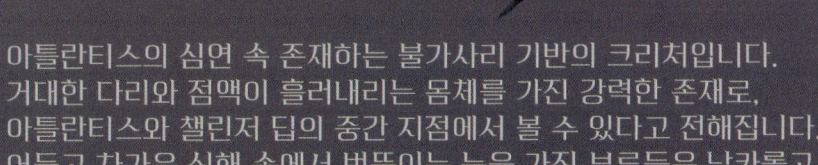

아틀란티스의 심연 속 존재하는 불가사리 기반의 크리처입니다.
거대한 다리와 점액이 흘러내리는 몸체를 가진 강력한 존재로,
아틀란티스와 챌린저 딥의 중간 지점에서 볼 수 있다고 전해집니다.
어둡고 차가운 심해 속에서 번뜩이는 눈을 가진 부류들은 날카롭고 고요한 공포를 자아내며,
몸이 잘리더라도 다시 재생되는 생명체이기에 죽일 수 없다는 뜻의 불가살이(不可殺伊)라고 불리기도 합니다.

박정희

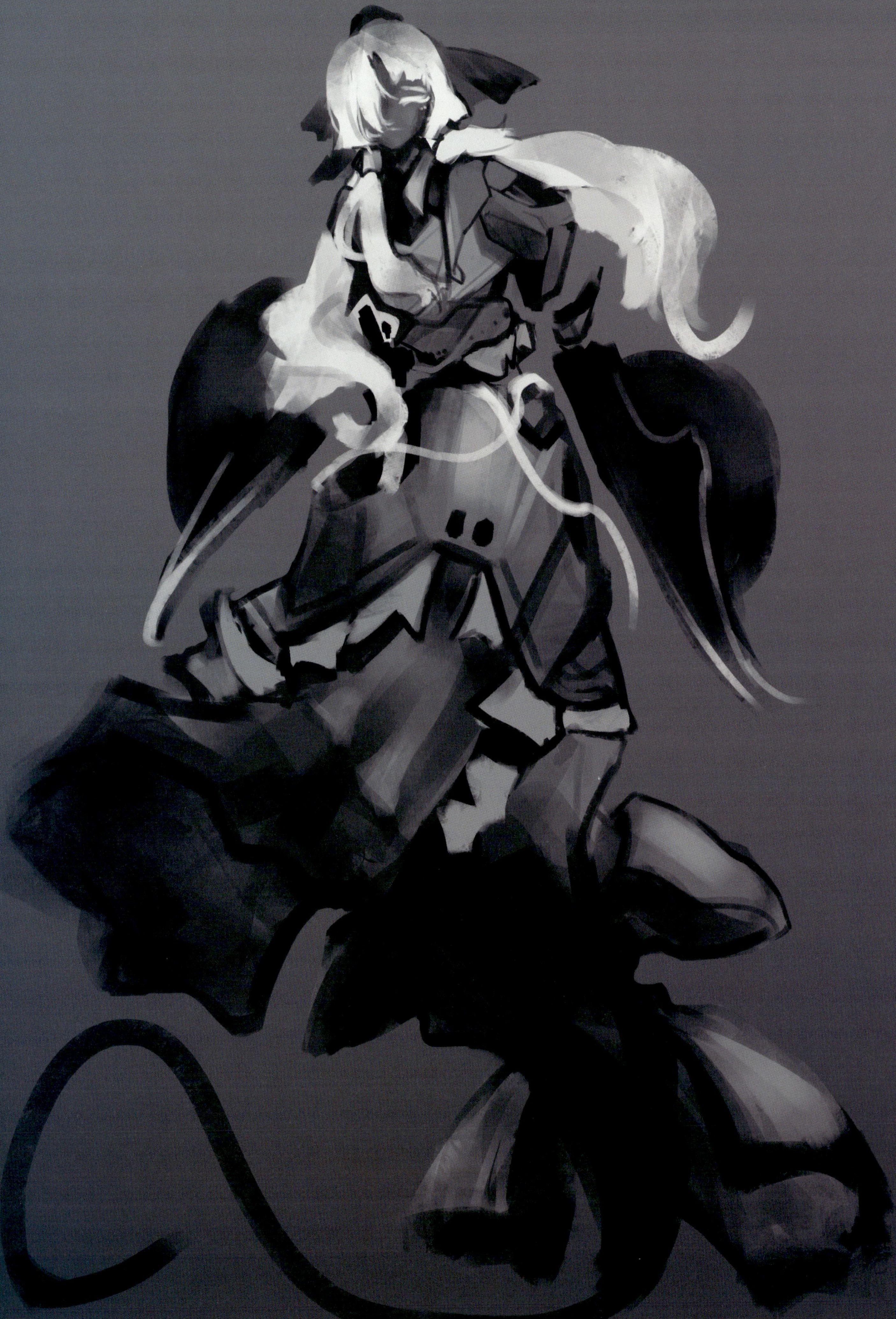

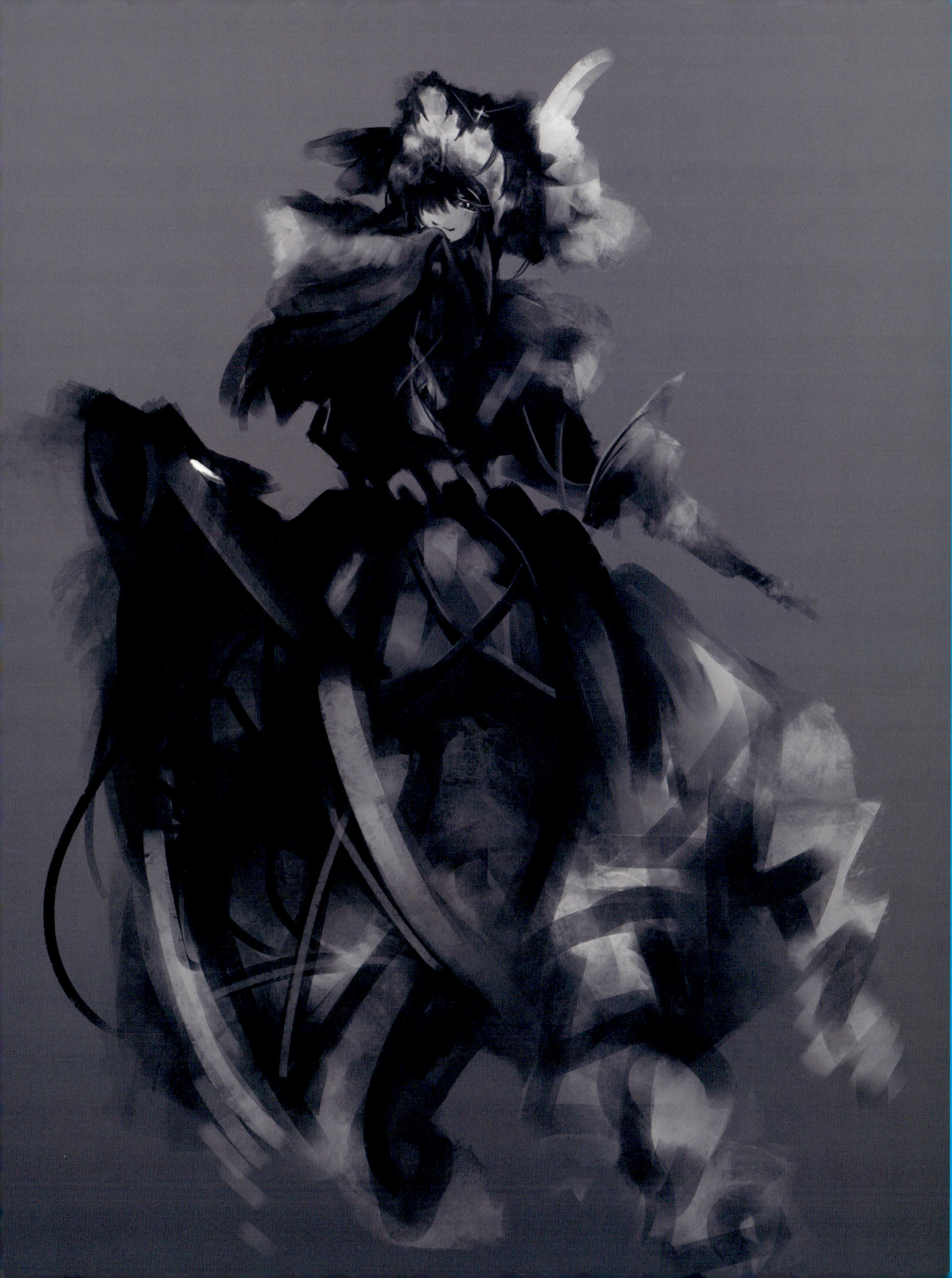

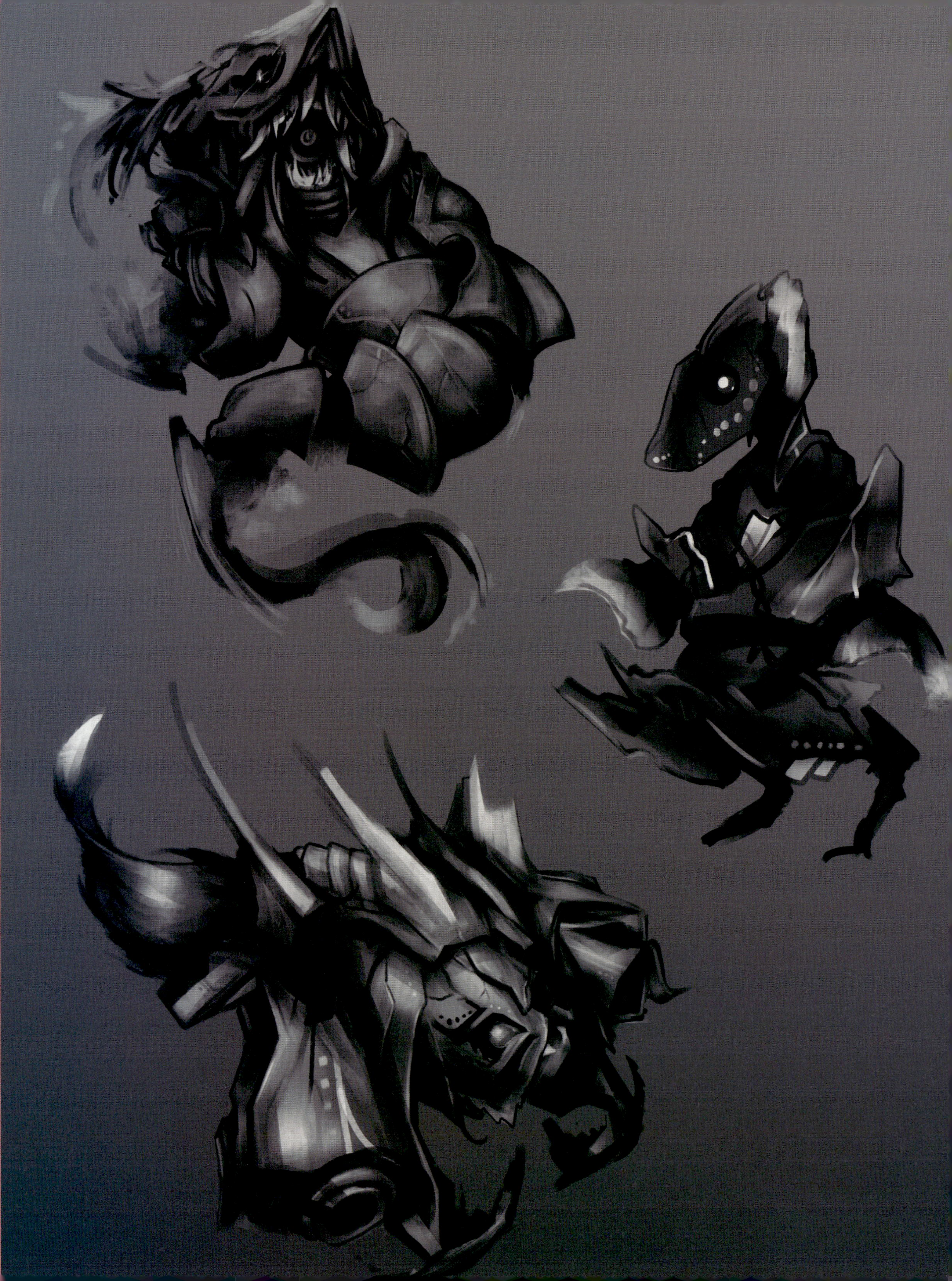

키메라 유령상어

챌린저 딥의 생체 병기라고도 불리는 크리처입니다.
본래는 심해를 떠돌던 평범한 키메라 유령상어였으나
누군가에 의해 의도적으로 개조된 개체라는 소문도 존재합니다.
커다란 초록색 눈에 피부 표면에는 무언가 꿰매어 붙여진 흔적이 존재하며,
강철을 연상케하는 피부이지만 의외로 미끌미끌하다는 특징이 있습니다.

박정희

거대크리쳐

새우를 모티브로 잡은 크리쳐입니다.
새우라는 것을 보여주기 위해 꼬리와 다리 모양을 해산물의 형태로 잡아보았습니다.
사실 새우 더듬이도 추가해보고 싶었습니다.

김미성

초기작

아트북 프로젝트 초반에 그린 작업물입니다.
중간에 그림 방향이 바뀌어 다시 쓰진 못했지만 묻어버리기에 아쉬워 올려 봅니다.

김미성

크리쳐디자인

다양한 실루엣을 보여주기 위해 노력했습니다.
그러나 후반으로 갈수록 밋밋한 디자인이 된것 같아 아쉬움이 남습니다.

김미성

심해목 / 김하랑

palola / 김하랑

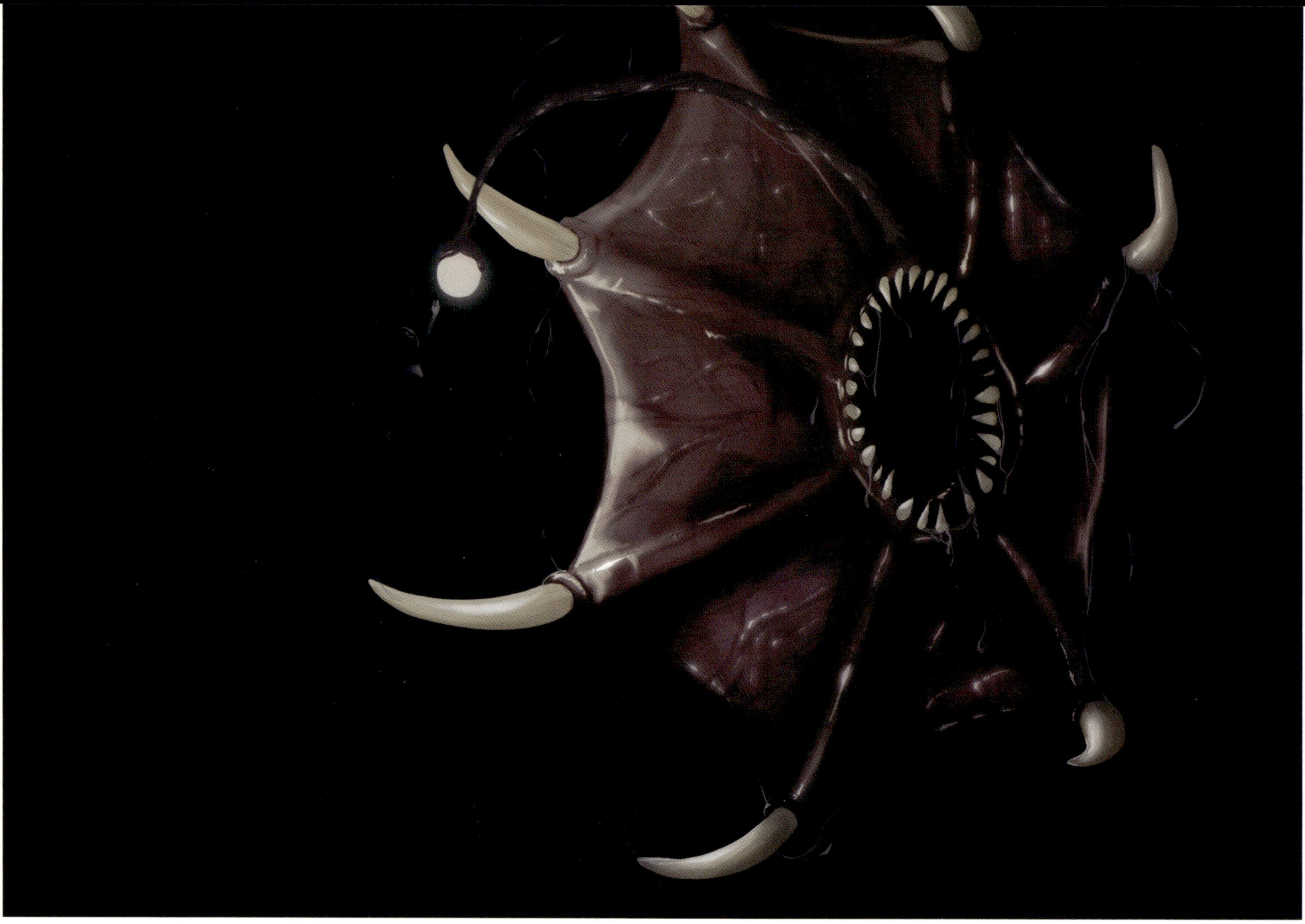

78

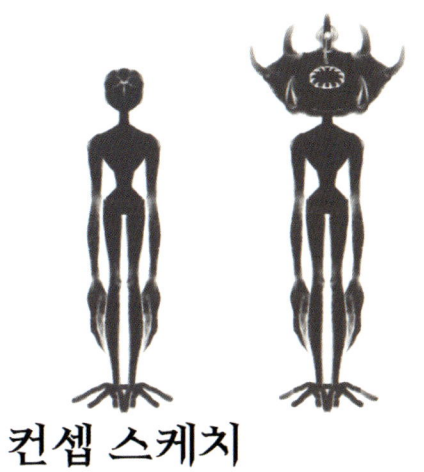
컨셉 스케치

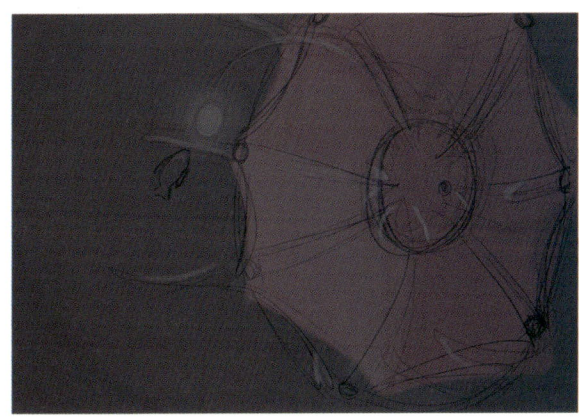
러프

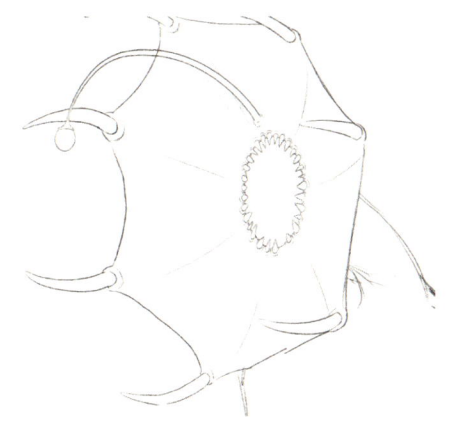
선화

명암

디테일

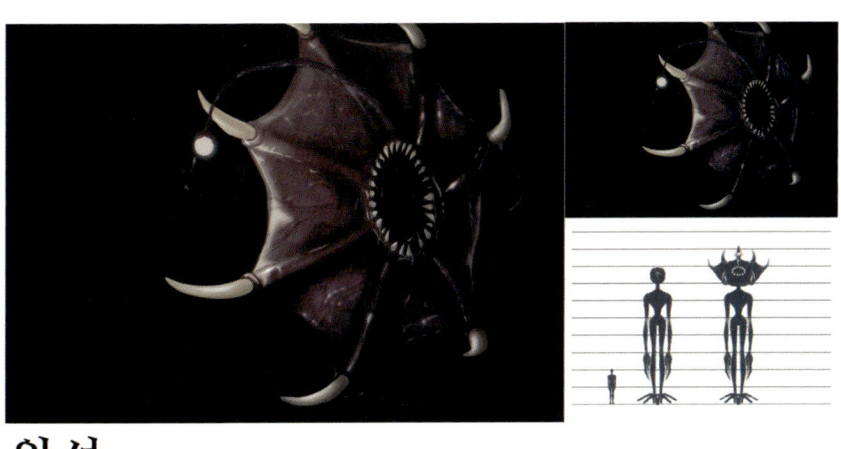
완성

The light

깊고 어두운 심해 속, 기괴한 괴물이 숨어 있다. 그것은 마치 초롱아귀처럼, 빛으로 먹잇감을 꾀어내 사냥한다.
어느 날, 누군가 그 빛에 현혹되어 다가간다.
가까이 다가가서야 빛과 그것의 존재를 깨달았지만 도망치기엔 이미 늦었다.

남주희

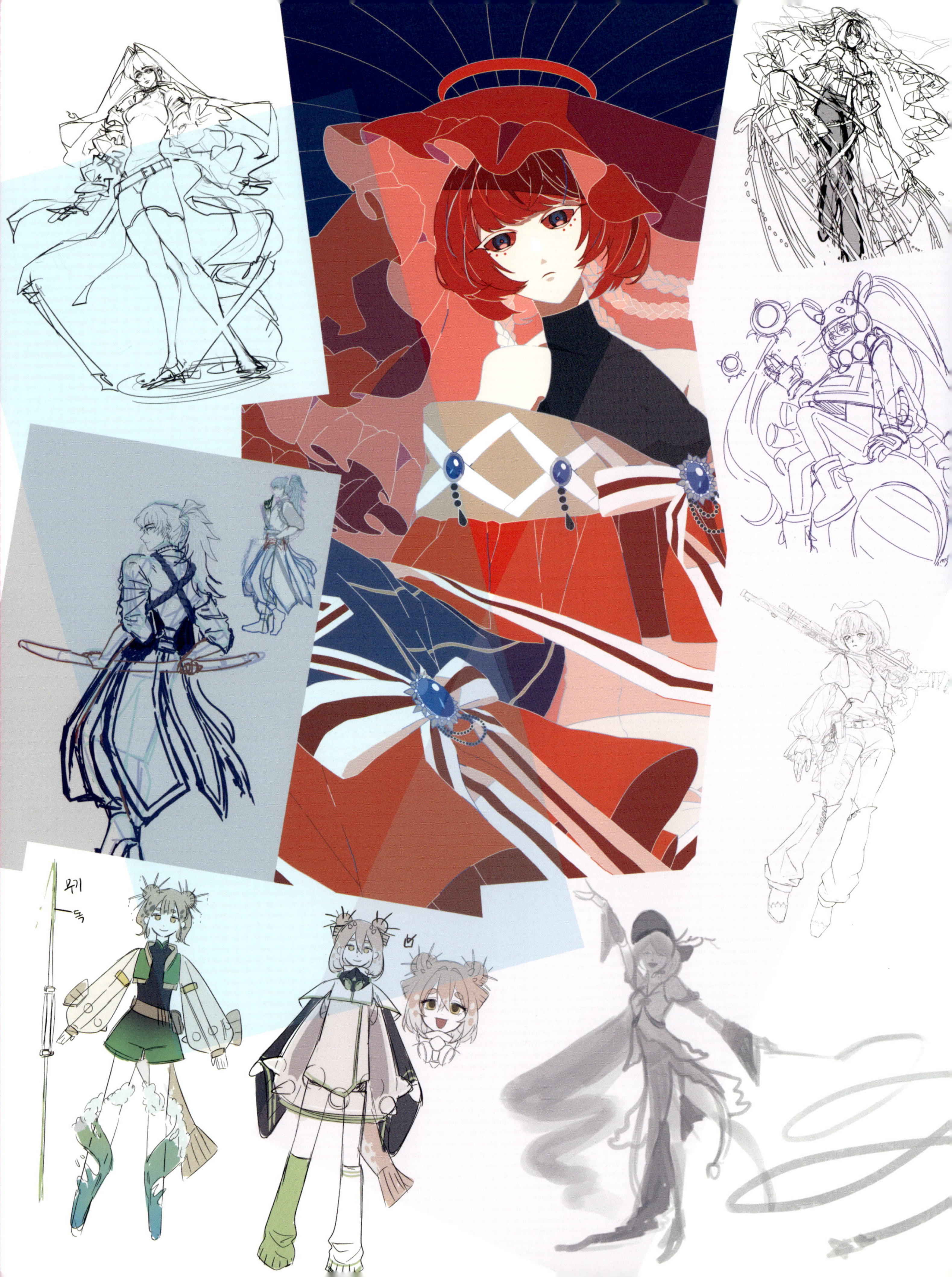
무기
독

- 동서대학교 게임학과 '아트북 프로젝트'는
LINC 3.0 사업 'READY GO!' 프로그램의
많은 도움을 받아 제작되었습니다. -

수 중 화

수고했어... 모두들...

신채연 (팀장) @chae312_

아트북 프로젝트의 팀장으로서 팀을 이끌어가는 동안 귀중한 경험을 하였습니다.
다사다난한 일이 많았으나, 서로 협심하여 맡은 역할을 서로 도와주고 다소 늦어지는 상황에서도 서로에게 힘이 되어주었습니다.
팀장으로서 팀원들이 학업이나 생업으로 인해 역할 수행에 어려움을 느낄 때에 도움을 주며 많은 것을 느꼈습니다.
서로 도우며 프로젝트를 해내가는 과정이 팀 전체에 큰 영향을 미쳤다고 생각합니다.
서로가 피드백을 주고받는 모습도 인상적이었습니다.
각자의 뚜렷한 개성으로 참신한 발상, 그리고 자신의 생각을 관철하는 모습에서 깨우친 바가 많이 있습니다.
팀장으로서, 팀원들의 이러한 도움이 있었음에도 불구하고 개인적인 사유로 프로젝트를 끝까지 수행하지 못한 점은 아쉽게 생각합니다.
하지만 이 프로젝트의 경험을 토대로 한층 더 성장하는 계기가 되었다고 생각합니다.
저를 믿고 프로젝트를 진행 시켜주신 교수님과 도움을 주신 선배 분들, 부족하지만 끝까지 함께해 준 팀원 여러분
그리고 이 아트북을 보시고 계신 독자님들 모두 감사드립니다.

황유정 (부팀장)

여러 사람의 그림을 보고, 팁을 공유하면서 피드백 받을 수 있는 좋은 기회였습니다.
초반에는 조금 헤매긴 했지만 아트북 프로젝트가 본격적으로 진행됨에 따라 책임감을 가질 수
있었고, 일러스트를 공부하며 조금이지만 더 다양한 그림을 그릴 수 있었습니다.
앞으로도 이런 프로젝트에 참여할 기회가 주어진다면 최선을 다해 임할 것 같습니다.

박혜빈

아트북 작업을 하면서 평소에 그리던 스타일과는 다른
새로운 스타일의 그림을 그리게 되어서 즐거운 시간 이였습니다.

박정희

해저도시라는 주제 속에서도 신비로우면서 어둠이 드리운 분위기를
표현해 내고자 하였습니다.
특히 물속의 생명체들을 디자인하며,
이들이 아틀란티스와 챌린저 딥의 각 진영을 지키고
또 위협이 되는 존재로 이중적인 역할을 갖고 있으면 좋겠다고 생각했습니다.
기존에 보지 못한 새로운 생명체를 창조하는 작업이라 즐거웠고,
수중화 프로젝트에 참여한 모든 분들 정말 수고 많으셨습니다 :)

남주희 JUHUI NAM / https://pudding_0512.artstation.com/

방학부터 시작했던 아트북 프로젝트가 드디어 끝이 보입니다.
사실 러프는 더 많은데 작업 속도와 부족한 시간으로 인해
이렇게 끝내게 되어 아쉽습니다.
이번 아트북 프로젝트를 진행하면서
선배님과 현업자님의 피드백이 많은 도움이 되었습니다.
계속된 수정과 빠르게 진행되지 않는 작업 속도로 힘들었지만,
그만큼 배운 점도 많고 실력도 향상된 것이 느껴져 뿌듯했습니다.

김하랑

여유롭지 않은 일정으로 작업을 제대로 하지 못한 점이 가장 아쉬웠으나
학우들과 함께 첫 아트북을 제작하게 되어 정말 즐겁고 뜻깊은 프로젝트였습니다.
수중화 프로젝트에 참여한 여러분 그동안 수고 정말 수고 많으셨습니다.

김미성

프로젝트를 많이 해보진 않았지만 이번 프로젝트는
제가 경험한 것 중 가장 길다보니 현재 기분이 밍숭맹숭 합니다.
지인들만 있던 작은 프로젝트에서 어느샌가 이렇게 규모가 커져있어
당황스러웠고 힘들때도 있었지만 주변 친구들도
함께 고생하는 모습을 보며 위안을 삼았습니다.
이 프로젝트를 진행하며 하나의 그림에 몰두해보거나
현업자분과 만나보기도 하는 등 뜻 깊은 활동이 많았습니다.
수고해주신 선배님들과 함께 고생한 친구들,
이런 프로젝트가 될 수 있도록 만들어주신 교수님에게
감사의 인사 올리며 말 줄이겠습니다. 다들 수고많으셨습니다.

현가은

이번 아트북 작업은 학기 중에 진행하면서
정말 많은 도전과 힘든 순간이 있었지만,
그 덕분에 제가 정말 그리려고 했던 것이 무엇인지 확실히 알게 되었습니다.
혼자 작업할 땐 잘 몰랐던 저의 그림이
선배들과 친구들의 피드백 덕분에 한층 더 나아질 수 있었습니다.
특히 색에 대해 고민하고, 어떻게 하면 트렌디하고 매력적인 그림을
그릴 수 있을지 탐구했던 시간들은 정말 값진 경험으로 남았습니다.
아트북을 보시는 여러분들도 친구들과 함께 그림을 나누고 협업해보는 것을
강력히 추천하고 싶어요.
그 과정에서 얻는 즐거움과 배움은
여러분에게도 큰 기회가 될 것이라고 생각합니다!

Dongseo University Department of Game

김은진

아트북을 진행하며 일러스트 구상과 상업적으로
가치 있는 그림에 대한 연구를 할 수 있는 기회가 되었습니다.
피드백을 받으며 제 눈에는 보이지 않던 부분들이 명확해지니
매우 의미 있는 시간이었고,
이 과정을 통해 여러시도를 해볼 수 있었습니다.
바다를 주제로 해양생물을 디자인하는 것은 매력적인 도전이였지만,
아쉬웠던 점도 많았습니다. 주제의 특성을 더욱 잘 표현할 수 있었던
방법이 있었던 것 같아 그 부분이 아쉽습니다.
이 경험을 바탕으로 앞으로의 작업에서 더 나은
결과물을 만들어낼 수 있도록 노력할 것이며,
성장할 수 있는 기회가 된 프로젝트였습니다.

구서영   BACK / @back_young33

아트북 프로젝트를 진행하면서 스스로에게 아쉬운 점들도 있었지만
그만큼 좋은 경험을 했다고 생각합니다.
다음에도 이런 기회가 있다면 조금 더 발전된 모습으로
도전하고 싶습니다. 다들 수고 많으셨습니다.

김경란

친구들과 함께 그림을 그려 그것을 책으로 낼 기회가 생각지 못하게
찾아와 정말 기뻤습니다. 처음엔 친구들끼리 추억 쌓기로
아트북 한 번 만들어볼까? 하면서 모인 것이었는데
이렇게 아트북 수업도 만들어지고 피드백해주시는 선배님들도
와주셔서 너무 감사하고 색다른 경험이었습니다.
각자 다른 캐릭터 디자인과 설정, 완성되는 그림들을 보는게 정말
재밌는 시간이었고, 시간이 지나도 언제나 생각나는 좋은 추억으로
남을 것 같아 기쁩니다.
아직 많은 부분에서 부족한 제게 이런 기회를 경험하게 해준
친구와 교수님, 항상 친절하게 피드백해주신 선배님들 모두
너무 감사하고 고생하셨습니다!
그리고 다 같이 그림을 그려온 친구들에게 모두
수고했다고 말하고싶습니다 다들 수고했어~~~~~!!!!

윤성은   X : Sayaka__7v

저는 세계관에 맞춰 이야기를 설정하고, 그 이야기를 그림에 담아내는 작업 방식을 선호합니다.
하지만 이번 아트북의 세계관이 '수중 사이버 펑크'라는 다소 비대중적인 콘셉트였기에, 이야기 구상에 시간이 걸렸습니다.
또한 인물과 배경을 동시에 A4 용지에 그리는 작업이 처음이라 어떻게 시작해야 할지 고민이 많았습니다.
그래서 첫 러프 작업을 보시면 최종 결과물과 완전히 다른 느낌으로, 브러쉬 선택도 미숙해 화면이 지저분하고 웅장한 분위기 대신
호러 느낌이 나는 등 원하는 분위기를 살리지 못했습니다.
그래서 주인공부터 다시 그리기 시작했지만, 공간과 시선을 고려하지 않아 연출이 어색하게 느껴졌습니다.
이후 공간감과 인물의 시선을 고려해 다시 그리면서 작업에 비로소 진척이 생겼습니다. 그러나 이 과정에서
많은 시간을 소모하게 되었고, 결국 초기 구상했던 캐릭터들과 이야기를 다 작업하지못했습니다. 이번 경험을 통해 작업 기간을 더 세밀히 계획하고,
처음 해보는 작업에는 여유 있는 시간을 확보하는 것이 중요하다는 것을 깨달았습니다.

이유주

시간 분배를 제대로 하지 못해 마감기한이 다가올수록
급하게 작업해 마무리 짓게 된 점이 아쉽다.
그래도 작업을 하며 다른 아티스트들의 작품과 아트북을 접해보고,
선배분들에게 피드백을 받으며 내가 더 발전시켜야 하는 부분을
발견하게 되어 좋았다.
이번 활동을 하며 내 전공과 미래 장래희망에 대해
다시 한 번 생각을 해보게 되었고 이 경험을 디딤돌 삼아 내 꿈을 향해
좀 더 노력을 해야겠다는 다짐이 든다.
또한 이런 프로젝트를 또 하게 된다면 그때도 참여하고 싶은 마음이다.

최서인

아트북을 하며 여러 가지의 해양생물들을 찾고 탐구하면서
여러 캐릭터를 그렸고 많은 상상도 할 수 있었습니다.
이 과정에서 캐릭터의 매력을 잘 그려내는 법도 공부하고
구도에 대한 고민을 많이 하게 되는 좋은 기회였던 거 같습니다.

오혜림

이번 작업을 통해 러프 스케치 단계에서 다양한 시안을 빠르게 뽑는 요령과
전체 실루엣의 흐름을 이해하는 부분에서 많이 배웠어요.
특히 "바닷속"이라는 큰 주제를 다루며 예상치 못한 약점을 발견했습니다.
처음엔 심해 생명체에서 키워드를 뽑아 디자인하는 데만 집중했는데,
전체적인 바닷속 분위기를 표현하는 게 더 중요하다는 걸 깨달았죠.
그래서 컬러 팔레트, 분위기, 컨셉을 바다와 더 잘 어울리도록
조정해야 했어요.
'어란 사냥꾼'도 처음엔 해양의 지배자 신처럼 표현하고 싶었지만,
이집트 신의 느낌이 강해져 사막 분위기가 나는 걸 보고 과감하게
컬러와 컨셉을 변경했습니다.
특히 공들인 날개를 전부 제거하기로 한 결정은 쉽지 않았지만,
아닌 척 담담하게 받아들이고 빠르게 수정한 경험이었어요. 이런 경험 덕분에
다음부터는 같은 실수를 줄일 수 있을 것 같아요.
그동안 피드백을 받는 법만 익혔는데, 처음으로 피드백을 주기 위해 신중하게
고민해본 경험이었거든요. 게다가, 객관적인 시선에서
제 강점과 약점을 보게 되니 신기했고,
앞으로 주제에 맞는 표현력과 스타일의 다양성, 그리고 현업 작가들과
비교해도 손색없는 퀄리티로
작품을 끌어올리는 능력을 더 훈련하고 싶어졌습니다.

Dongseo University Department of Game

박소현

아트북에 늦게 참여하게 되어 작업도 늦게 시작해
작업물에 부족한 점이 많지만 작업하면서 사람들과 교류를 통해
그림의 성장을 할 수 있었고 좋은 경험을 쌓았습니다.

황유경   X : gamzapotage
https://gampo.artstation.com/

이번 아트북 작업을 통해 실력이 많이 향상된 것 같아 뿌듯합니다.
작업 기간 동안 이 일에 온전히 집중할 수 있었다면
더 높은 퀄리티의 그림을 완성할 수 있었을 것 같아 아쉬움도 남지만,
과정 자체가 즐거웠기에 그보다 만족감이 큽니다.
또한 처음으로 아트북을 내면서
성취감과 설렘도 함께 느낄 수 있어 좋았습니다.
앞으로도 좋은 작품을 선보일 수 있도록 계속 노력하겠습니다.
감사합니다.

김도영

이번 아트북 작업을 돌아보며, 많은 시간이 주어졌음에도
이를 충분히 활용하지 못해 아쉬움이 남습니다.
'세리아'라는 캐릭터 외에도 완성을 기다리는 캐릭터들이 있었지만,
안타깝게도 여러 작품이 러프 단계에서 멈춰
아트북에 실리지 못했습니다. 그럼에도 저를 믿고 응원해 주신 팀원과
관계자분들, 그리고 미완의 작품들에게
진심으로 감사와 미안한 마음을 전합니다.

'세리아'는 저에게 특별한 의미가 있는 캐릭터입니다.
프로젝트 초기부터 구상했던 캐릭터로,
컨셉을 잡으며 즐겁게 서사를 완성해나갔습니다.
오랜 시간 동안 완성도를 높이기 위해 고민하고 작업하다 보니,
이제는 한 인물처럼 정이 들기도 했습니다.
물론 작업 과정에서 여러 번 밤을 새우고 힘든 순간도 있었지만,
완성 후에는 뿌듯함과 함께 큰 성장을 느꼈고
제겐 정말 뜻깊은 시간이었습니다.

마지막으로 작품을 함께 빛내주고 끊임없이 응원해준 팀원들에게
감사드리며, 이 글을 읽어주신 모든 분들께도
깊은 감사의 마음을 전합니다.

김주하

내 그림으로 책을 낸다는 생각은 한번도 해본적이 없는 일이었지만
언젠가 해보고 싶던 일 중 하나였습니다.
처음에는 이것저것 다 그리고 싶어서 의욕이 넘쳤었는데요.
살다보면 뜻대로 되지 않는일이 많은것 같습니다...
그럼에도 끝까지 포기하지 않고 열심히 그렸습니다.
내 그림이 다른사람이 보기에 예쁘게 보이도록 연구도 많이 했던것 같구요.
여러가지 방면으로 도와주신분들도 정말 많아서
하나하나 감사의 인사를 드리고싶습니다... 정말 감사합니다.
덕분에 인생에서 몇 안되는 기회를 얻게되어 정말 영광입니다.
그리고 다들 아트북 작업하시느라 수고많으셨습니다! 다시한번 감사합니다!

김민주   X : @MINJE_JE

다들 수고하셨습니다!

임다영

24학번의 웹툰학과 신분으로 여러 선배님들과 이런 대형 프로젝트를
진행 할 수 있게 되어 정말 영광입니다.
부족한 부분이 많지만 뒤처지지 않기 위해 열심히 노력한 작품들입니다.

아트북 프로젝트 덕분에 그림 한 장, 한 장을 진득하게 그리고 수정하며
한 단계 성장 할 수 있게 되어 뜻깊고 재미있는 시간이었습니다.

아트북에 참여하신 분들과 조언과 피드백을 아끼지 않고 해주신 선배님들,
그리고 프로젝트를 진행 할 수 있게 해주신 교수님과 이 아트북을 보시는
독자분들 모두에게 큰 감사의 말씀을 전합니다.

이 아트북은 동서대학교 게임학과 그래픽 전공 학생들의 `24년 여름의 흔적들을 담아낸 결과물입니다. 부족하고 서툴렀던 시간들 속에서도, 그림을 통해 참여 학생들이 느낀 감정과 이야기가 조금이라도 전해졌기를 바랍니다.
아직 배워야 할 것도 많고 가야 할 길이 먼 우리 학생들이 첫 발걸음을 내딛게 되어 설레고 감사한 마음입니다.
끝으로, '아트북 프로젝트' 작업을 완성할 수 있도록 응원해 주신 모든 분께 진심으로 감사드립니다.

– 박영준 –

Dongseo University Department of Game

아트북 프로젝트

저　　자	박영준 외 24명
발 행 인	황기현
발 행 일	2024년 12월 20일
발 행 처	동서대학교 산학협력단
	우)47011 부산광역시 사상구 주례로 47(주례동)
인 쇄 처	지플러스디자인 전화 (051)315-7307
ISBN	979-11-969737-9-7